Marie-F

Chri

Le frère de Léa
Leas Bruder

Traduction en allemand

Nicole Desjardins et Wolfgang Barth

KOÏNÈ
EDITIONS

La représentation des pièces de théâtre est soumise à l'autorisation des auteurs, ou de leur ayants droit.
Avant le début des représentations, une demande d'autorisation devra être déposée auprès des auteurs.

http://edition-koine.fr
ISBN 979-10-94828-28-1

Le frère de Léa
Leas Bruder

im Juni 2024

Liebe Sophia

Viel Glück in

Deiner neuen Schule!

Frau Birch

(CFBC)

Diese ungewöhnliche Theaterreihe soll Lehrer*innen, Schüler*innen, Arbeitsgruppenleiter*innen und Theaterlehrer*innen aller Schularten der Sekundarstufe I eine interdisziplinäre Zusammenarbeit ermöglichen.

Die zweisprachige Edition zeitgenössischer Texte fördert das Erlernen einer Fremdsprache über die Beschäftigung mit dem Theater und schafft Zugang zur aktuellen Welt in Realität und Poesie.

Ziel ist es, Lehrer*innen und Beteiligten Texte vorzulegen, auf die sie zugreifen können um für die jeweilige Gruppe eine variable Rollenverteilung vorzunehmen.

Die wesentlich durch den Chor bestimmten Stücke eint bei der Förderung der Begegnung unterschiedlicher Disziplinen ein gemeinsames Ziel: Lernen über die Freude an der Theaterarbeit.

Cette collection originale permet aux enseignants, aux élèves, aux animateurs et professeurs de théâtre en collège et lycée de se réunir pour mettre en œuvre une approche transdisciplinaire.

Une édition bilingue de textes contemporains qui favorise l'étude d'une langue étrangère par le théâtre, le rapport au monde contemporain, au réel, et au « poétique ».

Le but est de proposer aux enseignants et aux intervenants des textes dans lesquels ils pourront puiser collectivement afin de bâtir une distribution à géométrie variable, à construire selon le groupe en présence.

Ces pièces chorales favorisent des rencontres entre les disciplines avec le même souci, apprendre en s'amusant !

Leas Bruder

Hauptpersonen:

Lea
Jasmine

Der Chor kann aufgeteilt werden.

Der Schrägstrich an einigen Textstellen verweist auf Anpassungsmöglichkeiten hinsichtlich des Geschlechts. Dieses Prinzip liegt dem gesamten Text zugrunde.

Le frère de Léa

Deux personnages principaux :

Léa
Jasmine

Le chœur peut être divisé en deux

Le point inclusif permet de s'adapter à la constitution des groupes qui se chargeront du chœur. L'écriture inclusive est sous-entendue tout le long du texte.

1.

Chor

Chor: Die Neue ist da.
Wie heißt sie?
Jasmine
Wie?
Jasmine
Woher kommt sie?
Wissen wir nicht
Sie kam heute früh, der Lehrer sagte, sie heiße Jasmine, sonst nichts
Wo ist sie?
Bei Lea
Lea Katastrophe?
Warum sagst du das?
Was?
Katastrophe, du hast Lea Katastrophe gesagt, Lea ist keine Katastrophe

1.

Le chœur

Chœur : La nouvelle est arrivée
Elle s'appelle comment ?
Jasmine
Comment ?
Jasmine
Elle vient d'où ?
On sait pas
Elle est arrivée ce matin le prof a dit elle s'appelle Jasmine c'est tout
Elle est où ?
Avec Léa
Léa la peste ?
Pourquoi tu dis ça ?
Quoi ?
La peste, tu as dit Léa la peste, c'est pas une peste Léa

Sie ist komisch
Sie ist nicht komisch
Sie kann nichts dafür
Und warum ist die Neue bei ihr?
Weiß nicht
Weil sie die Einzige ist, die mit ihr spricht
Und du, willst du nicht mit der Neuen sprechen? Du willst nicht mit ihr sprechen
Ich kenne sie nicht
Man müsste ihr das sagen
Was?
Dass sie komisch ist
Die Neue ist komisch?
Nein, Lea, du hörst wohl nicht zu
Wenn sie mit Lea spricht, ist sie selbst auch komisch
Ihr erzählt nur Unsinn
Findest du sie nicht komisch?
Sie kann nichts dafür
Das ist nicht Leas Problem
Aber immerhin das ihrer Familie
Wir lassen sie einfach miteinander reden, aber

Elle est zarbi
Elle est pas zarbi
C'est pas de sa faute
Pourquoi elle est avec elle la nouvelle alors ?
Sais pas
Parce que c'est la seule à lui parler
Tu veux pas parler avec la nouvelle toi ?
Toi tu veux pas lui parler
Je la connais pas
Faudrait lui dire
Quoi ?
Qu'elle est zarbi
La nouvelle elle est zarbi ?
Non Léa, tu suis pas
Si elle parle à Léa c'est qu'elle est zarbi elle aussi
Vous dites vraiment n'importe quoi
Tu la trouves pas zarbi toi ?
Elle y est pour rien
Léa, c'est pas son histoire
C'est dans sa famille quand même
On a qu'à les laisser toutes les deux, parler

wir reden nicht mit ihnen
Sie ist sowieso immer allein
Die Lea
Nein, nicht immer, ich rede mit ihr
Ich auch
Ist ja gut, ihr braucht nicht gleich beleidigt zu sein, redet eben mit ihr, ist euer Problem
Lea ist kein Problem, die Neue ist auch kein Problem, ihr seid wirklich…

ensemble mais nous on les fréquente pas
De toute manière, elle est tout le temps seule
Léa
Non pas tout le temps moi je lui parle
Moi aussi
C'est bon, pas la peine de le prendre comme ça, vous n'avez qu'à lui parler c'est votre problème
C'est pas un problème Léa, la nouvelle non plus c'est pas un problème vous êtes vraiment

2.

***Leas** Monolog*

Lea: Schau sie dir an
Ich weiß, was sie sagen
Ich weiß, was sie ihr sagen werden
Ich weiß nicht, wann, aber sie finden schon den richtigen Moment
Sie wird nichts dafür können, aber sie wird zuhören und dann läuft es wie immer, zum Schluss entscheidet sie sich
Für sie
Wie immer

2.

***Léa** monologue*

Léa : Regarde-les
Je sais ce qu'ils disent
Je sais ce qu'ils vont lui dire
Je sais pas quand, mais ils arrivent toujours par trouver le bon moment
Ça sera pas de sa faute mais elle va les écouter et là ça va se passer comme d'habitude elle finira par choisir
Eux·elles
Comme d'habitude

3.

Jasmine, Lea

Jasmine: Hallo
Lea: Wie war dein erster Tag ?
Jasmine: Gut
Lea: Gut? Wirklich?
Jasmine: Ja klar, die Lehrer sind ganz nett
Lea: Und wie war es vorher?
Jasmine: Nicht nett
Lea: Und die dort drüben?
Jasmine: Ich weiß nicht
Wir haben nicht miteinander gesprochen
Lea: Sind die nicht rübergekommen?
Jasmine: Ich hab nur mit dir gesprochen, seit ich hier bin
Lea: Nur mit mir?
Jasmine: Sie werden schon kommen
Lea: Ja, klar, irgendwann kommen sie

3.

Jasmine, Léa

Jasmine : Salut
Léa : C'était comment ta première journée ?
Jasmine : Bien
Léa : Bien ? vraiment ?
Jasmine : Ben ouais, les profs sont plutôt sympa
Léa : C'était comment avant
Jasmine : Pas sympa
Léa : Et eux, là-bas ?
Jasmine : Je sais pas
On s'est pas parlé
Léa : Sont pas venu·es, eux·elles ?
Jasmine : Je n'ai parlé qu'à toi, depuis que je suis arrivée ici
Léa : Je suis la seule ?
Jasmine : Ils finiront par venir
Léa : À un moment ou à un autre, oui, bien sûr, ils vont venir

4.

Chor

Chor: Ich laufe nicht gerne
Der Lehrer/Die Lehrerin hat gesagt, nicht anhalten, also lauf
Ich kann nicht mehr, ich laufe nicht weiter
Brauchst du ja nicht, wenn du nicht willst, aber ich muss, wenn ich nicht weiterlaufe, bringen mich meine Eltern um, wenn ich keine gute Note kriege, sogar in Sport, bringen sie mich um
Wir gehen, uns doch egal, wenn ihm/ihr das nicht gefällt
Wenn du willst, halte ich an und wir gehen zusammen
Und wenn wir in die Nähe des Lehrers/der Lehrerin kommen, laufen wir
Du hast Recht ich halte an, mir reicht's
Tu, was du willst
Du kannst ja mit der Neuen laufen

4.

Le chœur

Chœur : J'aime pas courir
La·e prof a dit qu'on s'arrête pas,
Alors cours
Peux pas, moi j'arrête
Tu peux si tu veux mais pas moi si j'arrête
mes parents vont me tuer si j'ai pas une
bonne note, même en EPS,
Je me fais assassiner
Nous on marche, si il·elle est pas content·e,
c'est pareil
Si tu veux moi j'arrête et on marche à
plusieurs
Et dès qu'on arrive devant la prof on court
T'as raison moi j'arrête
J'en ai marre
Tu fais ce que tu veux
T'as qu'à courir avec la nouvelle

Mit Jasmine?
Du hast schon mit ihr geredet, wir haben dich gesehen
Und, wo ist das Problem?
Das passt ja zu dir
Lauf ruhig mit ihr
Aber pass auf
Sie geht mit Lea
Du könntest dir was einfangen
Lea ist doch kein Virus
Bei der zweiten Runde kriegen wir dich sowieso
Und dann
Was macht ihr dann
Wirst du schon sehen
Dann hast du ‘ne knallrote Birne vom Laufen und wir sind fit
Voll ausgeruht
Genau, zieh ab
Renn ihnen hinterher
Wir treffen uns sowieso in der Kurve
Los, renn
Erzähl uns dann, wie’s war

Jasmine ?
Tu lui as déjà parlé on t'a vu·e
Et alors,
T'as un problème avec ça ?
Ça t'ira très bien
Cours avec elle
Mais fait gaffe
Elle est avec Léa
Tu risquerais d'attraper quelque chose
Léa c'est pas un virus
On te retrouvera de toute façon au 2e tour
Et là
Vous ferez quoi
Tu verras bien
Tu seras tout·e rouge à force de courir et nous en sera en forme
Bien reposé·e·s
C'est ça vas-y ouais
Retrouvez-les
On se revoit au tournant de toute manière
Cours, cours
Tu nous raconteras

5.

***Chor, Jasmine** (Jasmine spricht nicht)*

Chor: Und, wie ist's so mit Lea?
Sie ist eher ein stilles Mädchen
Was erzählt sie dir so?
Interessiert uns
Hat sie nichts
von ihrem Bruder gesagt, gar nichts
Bist du sicher?
Keine Sorge, sie wird nichts sagen
Nicht gleich
Sie hat eine neue Freundin
Du bist ihre neue Freundin
Ist ja klar
Da kann sie nicht beim ersten Mal
Was sagen
Sie wartet ab
Am Anfang sagt sie nichts

5.

Chœur, Jasmine *(Jasmine reste silencieuse)*

Chœur : Ça va avec Léa ?
Elle est plutôt tranquille comme fille.
Elle te dit quoi
Ça nous intéresse de savoir
Elle t'a rien dit
Sur son frère, elle t'a rien dit
T'es sûre ?
T'en fais pas elle dira rien
s tout de suite
une nouvelle amie
ouvelle amie

me ça du premier coup

Sie hat viel zu viel Angst
Eine Freundin verlieren
Vor allem hat sie ja sie nicht so viele
Mit ihrem Bruder
Findet sie nämlich keine
Und wenn dann mal eine auftaucht
Du zum Beispiel, Jasmine,
Dann will man sie behalten
Dann sagt man nichts
Nicht dass du keine Lust mehr hast
zu ihr zu gehen
Sie ist komisch, falls du's wissen willst
Nein, sie ist nicht komisch, so kann man das nicht sagen, sie kann ja nichts dafür, die arme Lea, eigentlich ist es ihr Bruder, nicht sie
Ist aber auch nicht sicher, dass sie nichts dafür kann
Wirst du schon sehen, Jasmine
Das erzählst du uns dann
Nicht wahr, das erzählst du uns dann

Elle a trop peur
Perdre une amie
Surtout qu'elle en a pas beaucoup
Parce qu'avec son frère
Des ami·e·s, elle peut pas en avoir
Alors quand y en a une qui se présente
Toi Jasmine par exemple
On la garde
On lui dit rien
Des fois que
Que t'aie plus envie de la voir
Elle est zarbi si tu veux savoir
Non elle est pas zarbi, non c'est pas ça qu'on doit dire, elle y est pour rien la pauvre Léa c'est son frère après tout
C'est pas elle
Pas sûr qu'elle y est pour rien
Tu verras bien Jasmine
Tu nous diras
Hein que tu nous diras

6.

***Leas** Monolog*

Lea: So, schon passiert, sie sind zu ihr gekommen, haben ihr's bestimmt gesagt oder werden es ihr sagen, nicht gleich, werden so tun, als wären sie nett, ein bisschen warten, schmoren lassen, so zum Beispiel, warst du schon mal bei ihr zu Hause, hat sie dich zu sich eingeladen? Hast du ihren Bruder gesehen? Was, du hast nicht ihren Bruder gesehen? Und warum hast du ihn nicht gesehen?

6.

***Léa** monologue*

Léa : Et voilà c'est fait, sont venu·e·s la voir, lui ont dit c'est sûr, ou vont lui dire, pas tout de suite, faire semblant d'être sympas, attendre un peu, faire mariner, genre t'as vu sa famille, elle t'a invitée chez elle ? t'as vu son frère ? t'as pas vu son frère ? et pourquoi tu l'as pas vu ?

7.

Lea, Jasmine

Lea: Sie sind gekommen, stimmt‘s?
Jasmine: Ja
Lea: Haben sie es dir gesagt?
Jasmine: Ja, äh, nein, ich hab nichts verstanden
Lea: Sie haben Recht, für sie war es komisch, das zu sehen, zuerst war’s ein Mädchen und dann auf einmal ein Junge, also kein Wunder, dass…

Sie hat gewartet, bis sie groß war und wegziehen konnte, Mama und Papa waren einverstanden, sie haben es akzeptiert, alle in der Familie haben ihr geholfen, bei den Operationen zu ihr gehalten und so weiter, aber der Fehler war, hier bleiben zu wollen, wir hätten nicht hier bleiben sollen, in der Nachbarschaft würde das zu viele Probleme geben

Sie hatten wirklich Probleme damit

7.

Léa, Jasmine

Léa : Ils·elles sont venu·es, c'est ça ?
Jasmine : Oui
Léa : Ils·elles t'ont dit ?
Jasmine : Oui, non, j'ai rien compris
Léa : Ils·elles ont raison c'était étrange pour eux de voir ça, c'était une fille, et puis un jour elle est devenue garçon, alors normal que

Elle a attendu d'être grande, de partir de la maison, maman, papa, ils étaient d'accord, ils ont accepté, on l'a tous aidée dans la famille, les opérations tout ça, mais l'erreur c'était de vouloir rester ici, fallait pas rester ici, dans le quartier ça aurait posé trop de problèmes

Ça leur a vraiment posé des problèmes

Später
Er ist nur einmal zurückgekommen, er wusste im Voraus, wie sie reagieren würden

Die dir das über meinen Bruder gesagt haben, kannten sie, als sie noch ein Mädchen war, natürlich, sie war ja die große Schwester, die die Kleine von der Schule abgeholt hat, sie haben sie als Schülerin gesehen und dann auf einmal, zack, war sie ein Junge, so was

Er wollte sie nicht wiedersehen, er hat alle Verbindungen gekappt, sie gehörten zur alten Welt, niemand dabei für einen Neuanfang, nicht mal zum Kaffeetrinken, er konnte nicht über die Zeit sprechen, als er ein Mädchen wie sie war, von den Feten, den Spritztouren mit dem Bus in die City, alle am Schreien wie die Verrückten

Aber siehst du, das Problem hat sich hier nicht in Luft aufgelöst, als er ging, das Problem ist immer noch da und jetzt bin ich das, mein Bruder sagt, dass wir umziehen müssen, dann

Après
Il n'est revenu qu'une seule fois, il savait à l'avance quelles seraient leurs réactions

Eux·elles-là, ceux·celles qui t'ont dit pour mon frère, la connaissaient un peu quand elle était encore une fille, normal c'était la grande sœur qui venait chercher la petite à la sortie de l'école, l'ont vue lycéenne et puis un jour, pfuiit devenue garçon, alors là

Il a pas cherché à les revoir, il a coupé tous les liens, eux c'était devenu l'ancien monde, personne à relancer, même pas pour prendre un café, pouvait pas parler du temps quand il était fille avec elles, des boums et des virées en bus au centre-ville à crier comme des folles

Mais tu vois le problème,
Il a pas décollé d'ici quand il est parti,
Le problème il est toujours là et c'est moi maintenant le problème, mon frère il dit qu'il faut déménager, que ça les fera s'arrêter de dire

hören sie auf, Unsinn zu erzählen, aber ich sage nein, nur weil er diese Wahl getroffen hat, heißt das nicht, dass andere Leute Mist reden dürfen, seine Entscheidung war richtig, mein Bruder geht voran und ich auch

Jasmine: Ich verstehe überhaupt nichts
Lea: Eines Tages verstehst du das
Jasmine: Und du ziehst nicht weg?
Lea: Keine Sorge, wir sind die Stärkeren
Jasmine: Ausnahmsweise
Lea: Ausnahmsweise?
Jasmine: Naja, du warst die Einzige, die am ersten Tag mit mir gesprochen hat, und die Sache mit deiner Schwester oder deinem Bruder, was soll ich dazu sagen, du bist einfach Lea, das ist alles und das reicht mir

tout et n'importe quoi, mais moi je dis que non, ce n'est pas parce qu'il a fait ce choix que les autres ont le droit de dire des conneries, son choix c'est le bon, mon frère il va de l'avant, et moi aussi, j'avance

Jasmine: Je comprends rien du tout
Léa: Tu comprendras un jour
Jasmine: Tu vas pas déménager
Léa: T'inquiète, on est les plus fortes
Jasmine: Pour une fois
Léa: Pour une fois?
Jasmine: Et bien, tu sais tu es la seule à m'avoir parlé le premier jour, et puis ta sœur, ou ton frère, je sais plus moi, comment dire, alors toi t'es Léa, c'est tout, et ça m'suffit

8.

Chor, Jasmine *(die aber nicht spricht)*

Chor: NW
Naturwissenschaften
Heute wird die Lehrerin/der Lehrer über Fortpflanzung sprechen
Das wird dich interessieren, die Fortpflanzung
Wie man das macht und so weiter
Also siehst du, über Sachen, die dich interessieren, interessiert dich das nicht?
Bist du sicher, denn über was redet ihr denn, Lea und du?
Übers Wetter?
Erzählt sie dir Sachen?
Hat sie dir von ihrer Schwester erzählt?
Bist du blöd, das ist doch jetzt ihr Bruder
Ich kann den nicht Bruder nennen, für mich ist das nicht ihr Bruder

8.

***Le chœur, Jasmine** (mais qui reste silencieuse)*

Le chœur : Cours de SVT
Sciences de la Vie et de la Terre
Aujourd'hui il·elle va parler de la reproduction, le·a prof
Ça va t'intéresser ça la reproduction
Comment on fait, patati et patata
Enfin tu vois le genre de choses qui t'intéresse, ça t'intéresse pas ?
T'es sûre parce qu'avec Léa,
Vous parlez de quoi ?
De rien et du beau temps ?
Elle te dit des choses ?
Elle t'a raconté pour sa sœur ?
Tu déconnes, c'est son frère maintenant
Moi j'arrive pas à dire son frère, pour moi c'est pas son frère

Und wie macht er das mit der Fortpflanzung
Glaubst du, er kann?
Du Witzbold, er kann nicht.
Wie willst du das wissen?
Jasmine, glaubst du, er kann?
Warum sagst du nichts?
Ist ja nicht schwer die Frage, kann er oder kann er nicht?
Junge-Mädchen oder Mädchen-Junge?
Was meinst du?
Und du, was ist dir lieber?
So eine blöde Frage, siehst du nicht, dass du sie in Verlegenheit bringst, stört dich das jetzt, Jasmine, dass wir von so was sprechen?
Bist du blöd oder was, siehst du nicht, wie‘s Jasmine jetzt geht wegen dir
Dir ist Lea lieber
Mit uns willst du nicht reden, so ist das
Schon gut, geh zu ihr
Komische Leute kommen miteinander besser klar
Sie mag lieber Mädchen

Et comment il fait pour la reproduction
Tu crois qu'il peut ?
T'es qu'un bouffon, peut pas
Qu'est-ce t'en sais ?
Jasmine
Tu crois qu'il peut ?
Pourquoi tu réponds pas ?
Pas compliqué comme question, il peut ou il peut pas ?
Garçon-fille ou fille-garçon ?
Qu'est-ce t'en penses ?
Et toi tu préfères quoi ?
C'est con ta question, tu vois pas que tu la gênes, t'es gênée Jasmine qu'on parle de ça non ?
T'es con ou quoi, tu vois pas comment elle est maintenant Jasmine à cause de toi
Tu préfères Léa
Tu veux pas parler avec nous c'est ça
C'est ça va la rejoindre
Entre gens zarbi ça ira mieux
Elle préfère les filles

He, Jasmine, frag sie mal nach der Fortpflanzung, für NW, Naturwissenschaften, kann er oder kann er nicht, was meinst du?

Eh Jasmine tu lui poseras la question pour la reproduction, c'est pour le cours de SVT, Sciences de la Vie et de la Terre, tu crois qu'il peut ou qu'il peut pas ?

9.

***Jasmines** Monolog*

Jasmine: Ich konnte es mir nicht verkneifen
Ich habe im Internet recherchiert
Diese unglaubliche Veränderung
Den chirurgischen Eingriff
Wie man implantiert
Wie bei den Zähnen, nur dass es hier anders ist
Man findet sogar, was der Eingriff kostet
Die Namen der Ärzte
Und alles
Alles gut erklärt für den Fall, dass
Ich weiß nicht, was das alles bedeutet
Wie fühlt er sich in seinem nagelneuen Körper
als Mann, was für ein Gefühl ist das?
Erinnert er sich an seinen Mädchenkörper?
Im Internet heißt es, dass es ab jetzt leicht ist,
das Geschlecht zu wechseln

9.

Jasmine monologue

Jasmine : J'ai pas pu m'en empêcher
J'ai cherché sur le net
L'incroyable transformation
Intervention chirurgicale
Pratiquer un implant
Comme les dents sauf que là c'est pas pareil
On trouve même le prix de l'intervention
Les noms des médecins
Et tout le reste
Bien expliqué comme ça au cas où
Je ne sais pas ce que ça veut dire tout ça
Se sentir dans son corps d'homme tout neuf ça fait quoi comme impression ?
Il se souvient de son corps de fille ?
Changer de sexe facilement, c'est désormais possible qu'on dit sur internet

Das wundert mich, aber eigentlich ist es mir egal
Jetzt kann man das machen, wie man will
Aber es ist nicht
Leas Schuld
Es ist ja nicht sie
Sie hat damit nichts zu tun
Ich muss es ihr sagen
Die anderen,
Die anderen sind mir völlig egal
das muss ich ihr sagen
Dass mir völlig egal ist, was die anderen sagen

Ça m'étonne tout ça mais finalement moi je
m'en fous
Maintenant on peut faire ce qu'on veut
Mais c'est pas de sa faute
À Léa
C'est pas elle
Elle a rien à voir avec ça
Faut que je lui dise
Les autres
Je m'en fous des autres
Lui dire ça
Que je m'en fous de ce que disent les autres

10.

Chor, Jasmine

Chor: Alles klar, Jasmine ?
Jasmine, es ist unhöflich, nicht zu antworten
Wir fragen dich freundlich, ob alles klar ist
Jasmine, alles klar?
Lasst sie doch in Ruhe
Ihr sieht doch, sie hat keine Lust zu antworten
Jasmine: Ich habe keine Lust, euch zu antworten
Chor: Jetzt hast du eine gute Freundin
Lass sie in Ruhe, haben wir gesagt
Ist doch nicht schlimm, das interessiert uns einfach
Ihr besteht darauf
Wir bestehen nicht darauf
Wir meinen nur, dass es unhöflich ist, wenn man nicht antwortet
Jasmine: Ich habe keine Lust, euch zu antworten
Chor: Ist ja gut, wenn du keine Lust hast

10.

Le chœur, Jasmine

Le chœur : Jasmine ça va ?
Jasmine c'est pas poli de pas répondre
On te demande gentiment si ça va
Ça va Jasmine ?
Foutez-lui la paix
Vous voyez bien qu'elle a pas envie de répondre
Jasmine : Je n'ai pas envie de vous répondre
Le chœur : Tu t'es fait une bonne copine
Laissez-là, on vous dit
C'est pas grave on s'intéresse
Vous insistez
On insiste pas
Juste que c'est pas poli,
De pas répondre
Jasmine : Je n'ai pas envie de vous répondre
Le chœur : Oh ça va si t'as pas envie

Lassen wir dich in Ruhe
Wenn das so ist
Jasmine: Und Lea lasst ihr auch in Ruhe
Chor: Oh, sieht so aus, als ob du sie verteidigst
Verteidigst du Lea, Jasmine?
Hast du sie gerne?
Wir haben gesagt, ihr sollt sie in Ruhe lassen, ist das so schwer?
Ihr lasst sie in Ruhe
Alle beide
Und uns auch, wenn wir schon dabei sind
Oh Mann
Jasmine: Lea kann nichts dafür
Chor: Wir auch nicht
Wir können auch nichts dafür
Gut, behaltet sie, wir überlassen sie euch

On te laisse
Puisque c'est comme ça
Jasmine : Et Léa aussi vous la laissez
Le chœur : Oh mais on dirait qu'elle la défend
Tu défends Léa, Jasmine ?
Tu l'aimes bien ?
Puisqu'on vous dit de la laisser tranquille, c'est pas compliqué
Vous les laissez tranquilles
Toutes les deux
Et nous aussi par la même occasion
Oh là
Jasmine : Léa n'y est pour rien
Le chœur : Nous non plus
On n'y est pour rien
Bon, gardez-là, on vous la laisse

11.

Chor

Chor: Das war nicht so schlau
Jetzt kommt Jasmine nicht mehr
Schon drei Tage nicht
Schöne Integration
Was hat euch da bloß geritten
Jetzt haben wir sie alle am Hals, die Lehrer, den Direktor/die Direktorin, die Schulpsychologen
Wir sind nicht schuld, dass sie nicht mehr kommt
Hättet ihr bloß nicht damit angefangen, jetzt gibt's Klassenlehrerstunden für alle über Empathie,
über Respekt und das ganze Tralala
Nur weil ihr die Oberschlauen spielen wolltet
Und was sollen wir jetzt daran ändern

11.

Le chœur

Chœur : C'était pas malin
Jasmine elle vient plus
Ça fait trois jours
Tu parles d'une intégration
Vous avez vraiment fait n'importe quoi
Maintenant on va tous les avoir sur le dos, les profs, la·e principal·e et les CPE
C'est pas de notre faute si elle vient plus
Si vous n'aviez pas commencé, maintenant on va tous avoir droit à des cours de citoyenneté
D'empathie
De respect de l'autre, patati et patata
Tout ça parce que vous avez voulu jouer aux plus malins
Qu'est-ce que vous voulez qu'on fasse maintenant

Wenn sie nicht mehr kommt, kommt sie nicht mehr, so ist das eben
Sie wird wieder kommen, wir haben ihre Eltern bei der Schulleitung gesehen, eine Staatsaffäre wegen euch, keine Sorge, wir sagen nichts, wir sagen nicht, was ihr gesagt habt, und über Lea sagen wir auch nichts, unter einer Bedingung, ihr lasst das jetzt, ihr lasst sie in Ruhe, Schluss jetzt
In diesem Ton redet ihr nicht mit uns
Doch, wir reden mit euch, wie wir wollen, wir haben euch gewarnt, aber ihr konntet es ja nicht lassen
Jetzt ist Schluss
Sonst packen wir aus

Elle vient plus,
Elle vient plus, c'est tout
Elle finira par revenir, on a vu ses parents dans les bureaux de l'administration, une affaire d'Etat à cause de vous, rassurez-vous on dira rien, on dira pas ce que vous avez dit, et pour Léa non plus on dira rien, à une seule condition, vous laissez tomber, vous les laissez tranquilles, terminé
Faut pas le prendre sur ce ton
Si, on le prend sur le ton qu'on veut, on vous l'avait dit, mais vous avez voulu n'en faire qu'à votre tête
Là c'est fini
Sinon on balance tout

12.

Jasmine

Jasmine: Kaum war ich angekommen
war schon wieder alles vorbei
Schlechter Empfang
Außer von Lea
Und ein paar anderen, aber nicht vielen
Ich spreche von den anderen, die
Ich versank
Im tiefen Loch
Ich bin zu nichts mehr fähig
Nicht einmal zum Im-Klassenzimmer-Sitzen
Mein Mund ist trocken
Nichts macht mir mehr Freude
Habe keinen Hunger mehr
Keine Lust auf irgendwas
Nicht einmal zum Reden
Kaputt

12.

Jasmine

Jasmine : À peine arrivée ici
Pas eu le temps de
Mal accueillie
Sauf Léa
Et quelques-un·e·s mais ça fait pas beaucoup
Je parle des autres, eux·elles
J'ai commencé à sombrer
Au fond du trou
Plus capable de rien
Même plus rester assise en classe
La bouche sèche
Le goût de plus rien faire
Plus faim
Plus envie
Même plus envie de parler
Cassée

Wie R2-D2 im Krieg der Sterne
Ein Spielzeughase ohne Batterie
Ein Hampelmann auf dem Dachboden der Großeltern
Der Körper in Stücken
Alles bricht zusammen
Ein Zombie
Ich weiß nicht mehr, woran ich bin
Ich schäme mich, dass es mir so schlecht geht
Also gehe ich nicht mehr zur Schule
Ein Keulenschlag auf den Hinterkopf
Kopf nach unten wie bei einer Fledermaus
Ein Bilderbrei
Der Kopf ausgestopft mit Sinnlosigkeit
Jetzt
Weiß ich nicht mehr, was ich sagen soll
Was ich machen soll
Wegen ihnen

Lea anrufen

Lea besuchen

Comme R2-D2 dans la guerre des étoiles
Un lapin sans pile
Un pantin
Dans le grenier des grands-parents
Le corps en vrac
Tout qui craque
Un zombie
Je ne sais plus où j'en suis
J'ai honte d'être si mal
Alors plus revenir en classe
Coup de bambou derrière la tête
La tête à l'envers comme une chauve-souris
Une bouillie d'images
La tête farcie de n'importe quoi
Maintenant
Je sais plus quoi dire
Quoi faire
À cause d'eux·elles

Appeler Léa

Aller voir Léa

13.

Lea, Jasmine

Lea: Du bist wieder da
Jasmine: Muss ich ja, sonst, die Eltern, du weißt ja
Lea: Das geht schon
Jasmine: Ja, wenn du es sagt
Lea: Ich kann dir helfen, wir können die Hausaufgaben zusammen machen
Jasmine: Dein Bruder wird da sein
Lea: Vielleicht, er kommt nicht mehr so oft
Jasmine: Stellst du ihn mir vor?
Lea: …
Jasmine: Deinen Bruder
Lea: Bist du sicher?
Jasmine: Ist er dein Bruder oder ist er nicht dein Bruder?
Lea: Jasmine ich wollte dir sagen, wegen der anderen

13.

Léa, Jasmine

Léa : Tu es revenue
Jasmine : Bien obligée sinon les parents tu sais
Léa : Ça ira
Jasmine : Oui, si tu le dis
Léa : Je peux t'aider,
Faire les devoirs à la maison
Jasmine : Il y aura ton frère
Léa : Peut-être, il ne vient plus très souvent
Jasmine : Tu me le présenteras ?
Léa : …
Jasmine : Ton frère
Léa : Tu es sûre ?
Jasmine : C'est ton frère ?
Ou c'est pas ton frère ?
Léa : Jasmine je voulais te dire,
Pour les autres

Jasmine: Das macht nichts
Lea: Sie werden sich daran gewöhnen
Du wirst sehen
Komm, jetzt gehen wir zum Unterricht
Chor: Seht mal, Jasmine ist wieder da
Jasmine: Lea?
Lea: Ja?
Jasmine: Nichts
Komm.

Jasmine : C'est pas grave
Léa : Ils s'y feront
Tu verras
Viens maintenant on va en cours
Le chœur : Regardez, Jasmine est revenue
Jasmine : Léa ?
Léa : Oui ?
Jasmine : Rien
Viens.

Achevé d'imprimer par Corlet Numéric, Z.A. Charles Tellier, 14110 Condé-en-Normandie
N° d'imprimeur : 166376 - Dépôt légal : juin 2020 — *Imprimé en France*